Sybil Gräfin Schönfeldt

# Ravensburger Kochbuch für Kinder

Illustrationen
von Dorothea Desmarowitz
Fotos von Ernst Fesseler

Ravensburger Buchverlag

**Die Zutaten für die Rezepte in diesem Buch sind berechnet für 4 Personen. Ausnahmen sind entsprechend gekennzeichnet.**

**Folgende Abkürzungen kommen vor:**
**1 EL = 1 Esslöffel**
**1 TL = 1 Teelöffel**
**1 l = 1 Liter**
**1 g = 1 Gramm**
**1 kg = 1 Kilogramm**

Die Deutsche Bibliothek – CIP-Einheitsaufnahme

**Ravensburger Kochbuch für Kinder /**
Sybil Gräfin Schönfeldt.
Ill. von Dorothea Desmarowitz.
Fotos von Ernst Fesseler.–
Ravensburg: Ravensburger Buchverl., 1998
ISBN 3-473-37492-X

Die Schreibweise entspricht den Regeln der neuen Rechtschreibung.


Gesamtgestaltung: Dorothea Desmarowitz
Fotos, Inhalt und Umschlag: Ernst Fesseler;
Foto Seite 54: Mauritius / Mitterer
Umschlagillustration: Rainer Weishaupt, d-werk
Redaktion: Elke Dannecker
Satz: Quark Xpress 3.31
Gesamtherstellung: Appl, Wemding
Printed in Germany

4 3 2 1 01 00 99 98

ISBN 3-473-37492-X

# Inhalt

# Das brauchst du zum Kochen

# Das musst du beim Kochen beachten

**Wenn du in die Küche kommst:**

- ✘ Hände waschen (keine Parfümseife)
- ✘ Schürze umbinden
- ✘ Rezept gründlich lesen

**Wenn du mit dem Kochen anfangen willst:**

- ✘ Zutaten holen
- ✘ abwiegen, abmessen
- ✘ Geräte zusammenstellen

**Wenn du aus der Küche musst:**

- ✘ Pfanne vom Herd, damit nichts anbrennt
- ✘ Gas- oder Elektroherd abstellen

**Was du während dem Kochen erledigen kannst:**

- ✘ Tisch decken
- ✘ Getränke zurechtstellen
- ✘ Abwaschen nicht vergessen!

DAS KANN
JEDER

# Tomaten mit Mozzarella

## Du brauchst:

- ✘ 4 Tomaten
- ✘ Mozzarella
- ✘ Salz
- ✘ Pfeffer
- ✘ 1/2 Zitrone
- ✘ 2 EL Olivenöl
- ✘ frische Basilikumblätter

## Zurechtstellen:

- ✘ große Platte
- ✘ Küchenmesser
- ✘ Küchenbrett
- ✘ Esslöffel
- ✘ Küchenschere

Tomaten waschen und in Scheiben schneiden. Käse in Scheiben schneiden.

Die weißen und roten Scheiben abwechselnd auf die Platte schichten, pfeffern und salzen. Den Saft der halben Zitrone darüber auspressen.

Basilikumblätter waschen, gut trocken tupfen und mit der Schere in Streifen schneiden. Gleichmäßig auf die Scheiben streuen.

Das Ganze mit Olivenöl beträufeln und gleich auf den Tisch bringen.

**Variationen:**
So kann man auch andere Gemüse anrichten: Tomaten, Zucchini und Mozzarella. Oder Tomaten und Mozzarella mit gekochten Blumenkohl- und Brokkoliröschen. Oder in Scheiben geschnittene und gedünstete Paprikaschoten mit Tomaten und Mozzarella.

# Spaghetti

Das Wasser mit dem Salz aufsetzen.
Auf große Hitze stellen (Stufe 3).

Wenn das Wasser sprudelnd kocht, Spaghetti in die Faust nehmen, senkrecht hineinstellen.

Wenn sie weich werden, ins Wasser kringeln.
Auf kleine Hitze stellen (Stufe 1).

Die letzten Nudeln mit der Gabel eintunken. Öl hineingießen.

## Du brauchst:

- ✘ 250 g Spaghetti
- ✘ 1 TL Salz
- ✘ 2 EL Öl
- ✘ 2 – 3 l Wasser
- ✘ 1 Stück Butter
- ✘ etwas geriebenen Käse

**Tipp:** Das Öl verhindert, dass die Spaghetti aneinander kleben. Das macht ihr bei Bandnudeln und Makkaroni genauso.

Noch einmal umrühren und 10 – 15 Minuten ohne Deckel garen.

Topf mit Topflappen anfassen und die Nudeln in den Durchschlag schütten.

Die Spaghetti in die vorgewärmte Schüssel füllen.

Dazu schmecken ein Stück Butter und geriebener Käse oder die Hackfleischsauce von Seite 11.

## Zurechtstellen:

- ✘ großer Topf (4 l)
- ✘ Holzgabel
- ✘ Durchschlag
- ✘ Topfhandschuhe

So kocht man auch alle anderen Nudelsorten. Die Kochzeit ist auf der Packung angegeben.

# Wie geht das? Zwiebeln würfeln

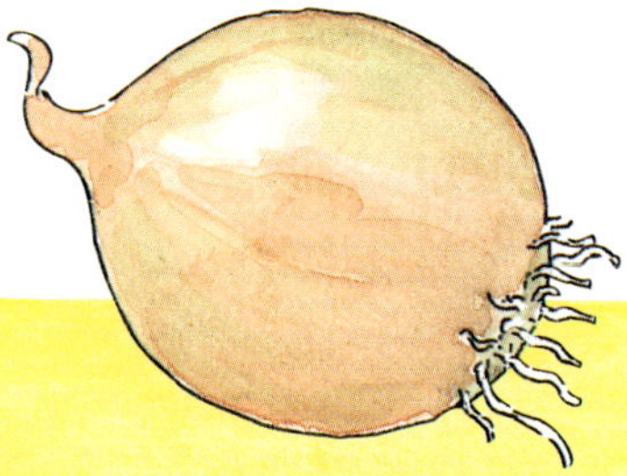

**Tipp:** Holzbretter saugen Saft auf. Deshalb das Brett vor dem Zwiebel-, Kräuter- oder Tomatenschneiden unter kaltes, fließendes Wasser halten.

**1.** Zwiebel häuten, Zipfel dranlassen, Zwiebel halbieren.

**2.** Zwiebelhälfte bis an den Zipfel einschneiden, flache Seite unten.

**3.** Einmal quer schneiden.

**4.** Am Zipfel halten und würfeln, den Rest extra zerschneiden.

# Hackfleischsauce

**Du brauchst:**

- ✘ 2 – 3 EL Margarine oder Öl
- ✘ 1 große Zwiebel
- ✘ 250 g gemischtes Hackfleisch
- ✘ 1 EL Mehl
- ✘ 1 kleine Dose Tomatenmark
- ✘ 1/2 Brühwürfel
- ✘ 1 Messerspitze Pfeffer
- ✘ 1 Prise Zucker
- ✘ 1/2 TL Majoran oder Oregano

**Zurechtstellen:**

- ✘ Kasserolle
- ✘ Holzgabel
- ✘ Löffel
- ✘ Tasse
- ✘ Holzbrett
- ✘ Messer

Das Fett in einer Kasserolle auf Mittelhitze heiß werden lassen. Unterdessen die Zwiebel schälen und würfeln (siehe Seite 10), in den Topf geben, umrühren, bis sie glasig ist.

Hackfleisch auf einmal dazugeben, mit der Holzgabel auseinander brechen und wenden, bis es nirgendwo mehr rot ist.

Mehl, Tomatenmark, zerbröselten Brühwürfel, Pfeffer, Zucker und Majoran dazugeben.

Alles umrühren. 1 – 2 Tassen heißes Wasser dazugießen und 10 Minuten leise kochen. Die Sauce schmeckt gut zu den Spaghetti von Seite 8.

**Tipp:** Kräuter zwischen den Fingerspitzen zerreiben, dann kommt das Aroma mehr zur Geltung!

# Reis im Topf

Tomaten und Pilze waschen und abtropfen lassen. Tomatenstiele herauszupfen.

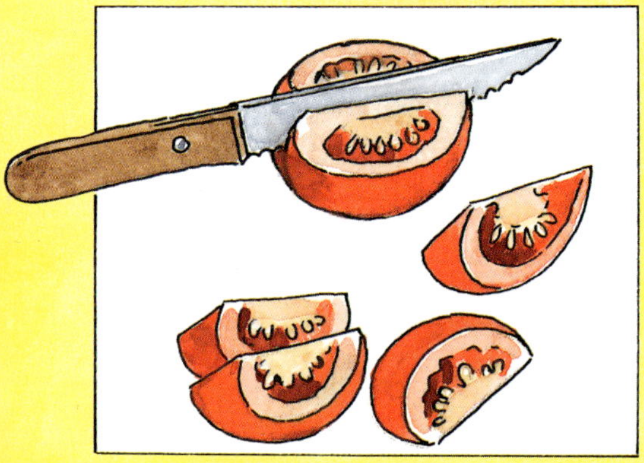

Tomaten in 8 Stücke teilen und grüne Stielansätze (giftig!) herausschneiden.

Pilze zum Trocknen auf Haushaltspapier legen und in Scheiben schneiden.

Speck erst in Streifen, dann in Würfel schneiden. Auf den Topfboden legen und andünsten. Auf kleine Hitze stellen (Stufe 1).

## Du brauchst:

- ✘ 1 Tasse Langkornreis
- ✘ 1 Brühwürfel
- ✘ 2 Tassen Wasser
- ✘ 3 Scheiben durchwachsenen Speck
- ✘ 4 Tomaten (oder 5 kleine)
- ✘ 250 g frische Champignons
- ✘ 2 Zwiebeln
- ✘ 10 Pfefferkörner (grün oder weiß)
- ✘ 1 TL Majoran
- ✘ 1 Stückchen Kräuterbutter (oder Butter)

**Tipp:** Fleischbrühe geht ganz schnell, wenn Wasser mit gekörnter Brühe oder Instant-Fleischbrühe verquirlt wird. 1 TL auf $^{1}/_{4}$ l heißes Wasser.

**Tipp:** Reis nimmt beim Kochen Wasser auf und quillt. Das geht besser, wenn das Kochwasser noch kein Salz enthält. Deshalb Reis immer erst nach dem Kochen salzen. 1 Tasse Reis schluckt 2 Tassen Wasser.

## Zurechtstellen:

- ✘ Schmortopf mit Deckel (oder feuerfestes Glas)
- ✘ Küchenmesser
- ✘ Holzbrett
- ✘ Tasse
- ✘ Sieb
- ✘ Haushaltspapier

Zwiebeln in Würfel schneiden (siehe Anleitung Seite 10) und in den Topf geben.

Pilze, Pfeffer, Majoran, Tomaten dazugeben. Dazu: 1 Tasse Reis, Brühwürfel und 2 Tassen Wasser.

Hitze etwas größer einstellen (Stufe 2). Aufkochen lassen – dann Deckel drauf und 20 Minuten bei kleiner Hitze (Stufe $1/2$) garen.

Deckel mit Topflappen abheben. Butter untermischen und servieren.

# Eischwerkuchen mit Rosinen

Eier einzeln aufschlagen und in eine kleine Schüssel geben.

In die Rührschüssel kommen dann Mehl, Salz, Margarine, Zucker und aufgeschlagene Eier.

Den Teig mit dem Rührgerät etwa 3 Minuten rühren. Erst auf Stufe 2, dann Stufe 3, bis der Teig hell und cremig ist.

Backofen auf 180 °C vorheizen.

Rosinen warm waschen, abtrocknen und einmehlen (sonst sinken sie) und in den Teig rühren.

## Du brauchst:

- ✘ 5 Eier
- ✘ 250 g Mehl
- ✘ 250 g Zucker
- ✘ 250 g Margarine
- ✘ 100 g Rosinen
- ✘ 1 Prise Salz
- ✘ Semmelbrösel

**Puppenkuchen**
Beim Eischwerkuchen sind alle Zutaten so schwer wie Eier. (1 Ei wiegt etwa 50 g.) Wenn du also einen Puppenkuchen machen willst, nimm 2 Eier und von allem anderen je 100 g.

**Apfel- oder Zwetschgenkuchen**
Für jeweils ein Blech braucht man:
8 Eier, 400 g Zucker, 400 g Mehl und 400 g Margarine.
Backzeit:
etwa 30 Minuten.

**Tipp:** 3 Esslöffel Semmelbrösel in die eingefettete Form geben und hin und her drehen, bis überall Brösel kleben. Der fertige Kuchen lässt sich dann gut stürzen.

Form (Kasten-, Spring- oder Gugelhupfform) mit Margarine einfetten oder mit Backtrennpapier (nach Packungsvorschrift) auslegen.

## Zurechtstellen:

- kleine Schüssel
- Rührgerät oder Schneebesen
- Waage oder Messbecher
- hohe Rührschüssel
- Sieb
- Teigschaber
- Backpinsel
- Backform
- Stricknadel

Teig mit Teigschaber einfüllen und mit der Gabel glatt streichen.

In den Backofen (unterste Schiene) stellen. 60 Minuten backen, dann die Garprobe mit der Stricknadel machen. Nadel einstechen; klebt kein Teig daran, dann ist der Kuchen gar.

**Tipp:** Wenn der Kuchen nicht herausrutscht, mit dem Messer nachhelfen. Er muss abgekühlt sein!

Der Kuchen kann abkühlen und gestürzt werden. Kuchenplatte auf die Form legen und beides umdrehen.

# Gurkensalat mit Joghurt

Gurke waschen und in Scheiben schneiden oder hobeln und in die Salatschüssel schütten.

Wasser, Essig, Zucker und je eine Prise Pfeffer und Salz in einem Stieltopf aufkochen lassen.

Die heiße Marinade auf die Gurkenscheiben gießen. Die Schüssel zudecken und den Inhalt erkalten lassen.

Dill waschen, klein hacken und die Gurkenscheiben damit bestreuen.

Den Joghurt unter den Salat heben.

## Du brauchst:

- ✘ Salatgurke
- ✘ Dill
- ✘ 2 EL Wasser
- ✘ 4 EL Essig
- ✘ 2 EL Zucker
- ✘ Pfeffer
- ✘ Salz

## Zurechtstellen:

- ✘ Reibeisen
- ✘ Schüssel
- ✘ Küchenmesser
- ✘ Küchenbrett
- ✘ kleiner Stieltopf

**Tipp:** Salat als Vorspeise schmeckt gut und sieht auf Portionstellern angerichtet hübsch aus.

**Salat ist gesund:**
Er ist vitaminreich und enthält wenig Kalorien (Joule), macht aber dennoch satt durch die festen unverdaulichen Bestandteile der Gemüse und Früchte, die man „Zellulose" nennt. Die Zellulose sorgt außerdem für gute Verdauung.

# Wie geht das? Salatdressing

**Tipp:** Das Salatdressing ist eine Grundsauce die man in einer Flasche im Kühlschrank vorrätig haben und mit Senf oder einem Eidotter je nach Geschmack verändern kann.

**1.** Je 1 Prise Salz, Pfeffer und Zucker mit 1 EL Essig verrühren.

**2.** Dann kommen 3 – 4 EL Öl dazu.

**3.** Dazu passen auch Kräuter wie Petersilie, Dill, Schnittlauch, Estragon ...

**4.** Das Dressing erst kurz vor dem Servieren auf den Salat gießen und durchmischen.

# ALLERLEI MIT EI

# Eier kochen

**Du brauchst pro Person:**

- ✘ 1 Ei

**Zurechtstellen:**

- ✘ Topf
- ✘ Topflappen
- ✘ Küchenwecker

Nimm pro Person 1 frisches Ei, lege die Eier vorsichtig in einen großen Topf und lass so viel Wasser einlaufen, dass die Eier gerade bedeckt sind.

Topf ohne Deckel auf den Herd stellen, bei starker Hitze zum Kochen bringen. Jetzt auf die Uhr schauen: Weiche Eier müssen 3 – 4 Minuten kochen, feste Eier kochen 5 Minuten, harte Eier 6 – 8 Minuten.

Den Deckel auf den Kochtopf legen, mit dem Topflappen festhalten und das heiße Wasser abgießen.

Dann kaltes Wasser darüber laufen lassen. Alle gekochten Eier werden abgeschreckt, damit sie sich gut aus der Schale lösen.

**Eiersalat:**
Koche 2 – 3 Eier mehr als du brauchst. Die Eier dann in Scheiben schneiden. Schinken würfeln und Radieschen in Scheiben schneiden. Dazu 1 EL Mayonnaise und 1 EL Salatdressing von Seite 17. Alles miteinander mischen und fertig ist der Eiersalat.

# Wie geht das? Eier trennen

**Wie frisch ist das Ei?**
Jedes Ei hat an der runden Seite eine Luftblase. Je älter das Ei, desto mehr Luft dringt durch die poröse Schale, desto größer also die Kammer: Das Ei schwimmt!

**1.** Mit der stumpfen Messerseite einen Spalt schlagen.

**2.** Über einem Gefäß vorsichtig auseinander brechen (Daumen an Daumen).

**3.** Eigelb von einer Schale zur anderen kippen, bis alles Eiweiß herausgelaufen ist.

**4.** Das Eigelb in ein zweites Gefäß geben.

# Wie geht das? Eischnee

**Wozu braucht man Eischnee?**
Du kannst ihn unter einen kochend heißen Flammeri heben. Das macht ihn besonders locker. Oder man streicht ihn als Haube auf einen Auflauf oder Kuchen.

**1.** Saubere Schüssel ohne Fettspuren verwenden. Eiweiß in die Schüssel geben.

**2.** Zuerst langsam, dann schnell schlagen (Rührgerät: zuerst Stufe 1 oder 2, dann Höchststufe).

**3.** Ein paar Tropfen Zitronensaft oder Essig zum halb festen Schnee geben. Säure lässt Eiweiß gerinnen und macht den Schnee fest.

**4.** Zucker nur löffelweise dazugeben, sonst erdrückt er die Bläschen.

# Rührei

Eier aufschlagen und mit Milch verquirlen. Mit einer Prise Salz würzen.

Die Margarine in der Pfanne auf starker Hitze (Stufe 3) schmelzen. Eiermischung auf einmal in die Pfanne gießen und einen Moment braten. Auf kleine Hitze stellen (Stufe 1).

Mit dem Pfannenwender das gestockte Ei von außen nach innen schieben. Zum Schluss umwenden, wenn es fest, aber noch feucht ist.

Auf einem Butterbrot servieren (den Teller vorwärmen) und mit Schnittlauch bestreuen.

## Du brauchst für eine Person:

- ✘ 2 Eier
- ✘ 2 EL Wasser oder Milch
- ✘ 1 Prise Salz
- ✘ 1 EL Margarine
- ✘ Schnittlauch

## Zurechtstellen:

- ✘ Schneebesen oder Rührgerät
- ✘ Rührbecher
- ✘ Pfanne
- ✘ Pfannenwender

**Variationen:**
Fein geschnittenen Schnittlauch oder fein gehackte Petersilie mit der Eiermilch verquirlen. Ein gewürfeltes Würstchen hineingeben oder gedünstete Pilze oder Krabben ...

Schichten: Eine Scheibe Graubrot mit einer Scheibe Schinken oder Käse belegen und obendrauf das Rührei.

# Obst-Eierstich

## Du brauchst:

- ✘ 8 Eier
- ✘ 1 l Milch
- ✘ 4 EL Zucker
- ✘ 750 g Erdbeeren, Kirschen oder Himbeeren (Tiefkühlfrüchte gefroren in die Form geben)
- ✘ etwas Fett

## Zurechtstellen:

- ✘ Rührschüssel
- ✘ Schneebesen
- ✘ Durchschlag
- ✘ Auflaufform
- ✘ Saftpfanne

Zucker, Milch, Eier miteinander verquirlen.

Früchte waschen und entstielen.

Backofen auf 180 °C vorheizen.

Auflaufform mit Fett auspinseln (Margarine). Früchte hineinlegen, Eiermilch darauf gießen.

Saftpfanne mit Wasser füllen, die Form hineinstellen, 30 Minuten im Backofen garen. Garprobe (Seite 15) machen.

# Pfannkuchen

Mehl, Salz, Eier und Milch verquirlen. 15 Minuten stehen lassen.

Etwas Fett in der Pfanne heiß werden lassen. Die Kochstelle auf mittlere Hitze stellen (Stufe 2).

Nur so viel Teig in die Pfanne geben, dass der Pfannenboden gut bedeckt ist.

Wenn eine Seite fest ist, den Pfannkuchen umwenden. Wieder Fett in die Pfanne geben und die zweite Seite backen. Heiß servieren mit Zimt und Zucker oder mit Kompott.

## Du brauchst:

- ✘ 200 g Mehl
- ✘ 1 TL Salz
- ✘ 3 Eier
- ✘ $^{1}/_{2}$ l Milch

## Zurechtstellen:

- ✘ Rührschüssel
- ✘ Schneebesen
- ✘ Pfanne
- ✘ Schöpflöffel
- ✘ Pfannenwender

**Tipp:** Der Pfannkuchenteig wird knusprig, wenn du ihn mit Wasser verquirlst. Mit Milch wird er weich, mit Backpulver (1 Messerspitze) geht er etwas auf.
Mit einem Tropfen Lebensmittelfarbe kannst du die Pfannkuchen bunt färben.

# Käsetoast

Auflaufform ausfetten. Scheiben wie Dachziegel hineinlegen: Brot, Käse, Brot, Käse ...

Backofen auf 200 °C vorheizen.

Eier und Milch verquirlen und mit Salz und Pfeffer würzen.

Die Eiermilch auf die Scheiben gießen, und die Form auf die mittlere Schiene in den Backofen schieben.

Im Backofen 30 Minuten backen, dann mit Schnittlauch und Salat heiß servieren.

## Du brauchst für 4 Personen:

- ✘ 8 Scheiben Toast
- ✘ 8 Scheiben Emmentaler Käse
- ✘ 3 Eier
- ✘ 1/4 l Milch
- ✘ Salz, Pfeffer, Schnittlauch

## Zurechtstellen:

- ✘ Backpinsel
- ✘ Rührschüssel
- ✘ Schneebesen
- ✘ Auflaufform

# ALLES MIT MEHL

# Nudelteig

## Du brauchst:

- 175 g Mehl und etwas Mehl zum Ausrollen
- 1 Ei
- 1/2 TL Salz
- 1/2 Tasse Wasser

## Zurechtstellen:

- Messbecher
- Löffel
- Nudelholz
- Messer
- Kochtopf

Das Mehl auf die Tischplatte geben, in der Mitte eine Vertiefung machen und Wasser, Salz und Ei hineingeben.

Mit einer Gabel etwas Mehl mit Ei und Wasser verrühren und alles zu einem Teig verkneten, den du von Zeit zu Zeit auf die Tischplatte schlagen kannst. Das macht ihn geschmeidig.

Den Teig dann so dünn ausrollen, wie du es kannst. Mit einem scharfen Messer den Teig in Bandnudelstreifen schneiden und trocknen lassen.

Die Bandnudeln dann in viel Salzwasser wie Spaghetti (siehe Seite 8) kochen. Dabei quillt die Mehlstärke, die Nudeln werden weich und zart.

**Käse-Nudeln:**
Die abgetropften Nudeln mit Butterflocken und Reibkäse bestreuen. Du kannst auch noch ein paar gedünstete Zwiebelringe dazugeben. Das schmeckt gut!

# Plätzchenteig (Mürbteig)

Das Mehl aufs Backbrett oder die Tischplatte geben. In der Mitte eine Vertiefung machen. Das Fett in Flocken, den Zucker, das Ei oder das Eigelb, das Wasser und das Salz hineingeben.

Mische mit einem Küchenmesser oder mit einer Gabel Eier, Zucker und Wasser, gib auch ein bisschen Mehl und Fettflocken dazu, bis ein geschmeidiger Brei entsteht.

Knete mit der Hand den Rest Mehl dazu, falls nötig. Der Teig ist richtig, wenn er kein Mehl mehr annimmt, wenn du keine Fettflöckchen mehr erkennen kannst, wenn er sich schön geschmeidig anfühlt.

Mehl auf einen Teller streuen, den Teig darauf legen. Etwas Mehl darüber streuen. Mit Folie zugedeckt in den Kühlschrank stellen.

## Du brauchst:

- ✘ 250 g Mehl
- ✘ 150 g Butter oder Margarine
- ✘ 60 g Zucker
- ✘ 1 Ei oder 1 Eigelb
- ✘ 2 EL kaltes Wasser
- ✘ 1 Prise Salz

## Zurechtstellen:

- ✘ Messbecher
- ✘ Gabel
- ✘ Suppenteller

Das Fett hat die Plätzchen mürbe und locker gemacht: Es ist in der Backhitze geschmolzen; das Wasser hat sich in der Hitze zu Dampf verwandelt und das Gebäck hochgetrieben und gelockert.

# Gefüllte Kekse

**Tipp:**
Teige ohne Zucker bräunen langsamer oder nicht so stark. Wenn du einen Teig mit viel Zucker hast, dann musst du ganz besonders darauf achten, dass nichts anbrennt.

## Du brauchst:

- ✘ Plätzchenteig (von Seite 28)
- ✘ Himbeergelee oder Erdbeermarmelade
- ✘ Puderzucker

## Zurechtstellen:

- ✘ Küchenrolle
- ✘ Blech
- ✘ Sieb
- ✘ 2 verschieden große Gläser
- ✘ Fingerhut

Den Teig auf dem bemehlten Tisch ausrollen. Aus einer Hälfte große Kreise ausstechen.

Aus der zweiten Hälfte kleinere Kreise ausstechen (genauso viele).

Backofen auf 180 °C vorheizen.

Aus den kleineren Keksen mit dem Fingerhut Löcher ausstechen.
Ein Blech einfetten.
Kekse drauflegen und 10 Minuten backen.

Abkühlen lassen, einen Klecks Gelee in die Mitte löffeln, Kringel draufsetzen und festdrücken.

Mit Puderzucker bestäuben.

# Wie geht das? Zuckerguss

Zuckerguss sieht hübsch bunt aus, und hält die Plätzchen oder die Torte feucht und frisch.

So kannst du den Zuckerguss einfärben:

weiß: 2 EL Zitronensaft<br>
rosa: 2 EL Kirschsaft<br>
braun: 1 – 2 EL Kakao und 2 EL Wasser

**1.** Verrühre 200 g Puderzucker und 2 EL Wasser oder Saft.

**2.** Ist der Guss zu flüssig: noch etwas Puderzucker dazugeben.

**3.** Ist der Guss zu steif: einen Tropfen Wasser dazugeben.

**4.** Guss mit dem Pinsel oder Löffel auftragen.

# Marmorkuchen

**Du brauchst:**

- Eischwerkuchen-Teig ohne Rosinen (von Seite 14)
- 200 g Puderzucker
- 2 EL Kakao
- 2 EL Milch
- Margarine
- Semmelbrösel

**Zurechtstellen:**

- Backform
- Rührschüssel
- Rührgerät
- Gabel
- Löffel

Die Backform mit Margarine ausfetten und Semmelbrösel hineingeben. Eischwerkuchen-Teig halbieren und eine Hälfte in die Form füllen.

Backofen vorheizen.

Die andere Teighälfte mit dem Kakao und der Milch vermischen.

Diesen Teig ebenfalls in die Backform füllen und das Ganze mit einer Gabel spiralförmig durchziehen.

Im vorgeheizten Backofen 60 Minuten backen. Nach dem Erkalten stürzen.

# OBST UND GEMÜSE

# Winterobstsalat

## Du brauchst:

- ✘ 3 Äpfel
- ✘ 3 Bananen
- ✘ 3 Orangen
- ✘ 3 EL Zucker
- ✘ Saft einer halben Zitrone
- ✘ (Nüsse, Sahne, Kekse)

## Zurechtstellen:

- ✘ Messer
- ✘ Küchenbrett
- ✘ Teller
- ✘ Schüssel
- ✘ Zitruspresse

**Tipps:** Schmeckt auch mit Nüssen sehr lecker! Verändern kann man Obstsalate je nach Marktangebot. Aber nie mehr als 3 – 4 Sorten mischen, sonst schmeckt man gar keine Früchte mehr heraus.

Äpfel waschen, schälen, vierteln, entkernen und würfeln.

Bananenschale abziehen, Banane in dünne Scheiben schneiden.

Orangen schälen (auch die weiße Haut abziehen) und auf einem Teller (zum Saftauffangen) in dünne Scheiben schneiden.

Früchte vermengen und zuckern. Zitronensaft darüber träufeln, zudecken. Im Kühlschrank eine Stunde ziehen lassen. Mit Sahne oder Keksen servieren.

# Sommerobstsalat

Früchte waschen, gut abtropfen lassen.

Blätter von den Erdbeeren abzupfen und halbieren. Johannisbeeren mit der Gabel von den Stielen streichen. Himbeeren, wenn nötig, auch abzupfen.

Alle Früchte in einer Schüssel vorsichtig vermengen und nach Bedarf zuckern.

Mit Zitronensaft beträufeln und 1 Stunde ziehen lassen. Schlagsahne schmeckt gut dazu! Eventuell mit Vanillezucker oder Zimt würzen!

**Tipps:** Wasser schwemmt Vitamine aus. Deshalb Obst nur schnell unter fließendem Wasser waschen, erst danach zerkleinern. Sofort zuckern und mit Zitronensaft beträufeln. Das verhindert, dass die Vitamine sich verflüchtigen.
Reifes Obst hat viel Saft und ist so zart, dass es roh am besten schmeckt, besonders gut verdaulich ist und kaum Vitamine verliert.

## Du brauchst:

- ✘ 250 g Erdbeeren
- ✘ 250 g Johannisbeeren
- ✘ 250 g Himbeeren
- ✘ 3 EL Zucker
- ✘ Saft einer halben Zitrone

## Zurechtstellen:

- ✘ Durchschlag
- ✘ Küchenbrett
- ✘ Gabel
- ✘ Löffel
- ✘ Zitruspresse

# Schwebende Früchte

## Du brauchst:

- 1 l klaren Apfelsaft
- 2 Beutel gemahlene (oder 12 Blatt) weiße Gelatine
- Zucker nach Belieben
- Saft einer halben Zitrone
- 500 g gemischte Beeren

## Zurechtlegen:

- Kleiner Stieltopf
- Durchschlag
- Große Glasschüssel
- Küchenhandtuch
- Zitruspresse

Blattgelatine oder gemahlene Gelatine nach Packungsangabe auflösen und mit dem Apfelsaft, dem Zitronensaft und Zucker verquirlen.

Etwas Gelatinesaft in die Glasschüssel gießen. Saft zu Gelee erstarren lassen (= Spiegel). Unterdessen Früchte waschen, in einen Durchschlag schütten und auf einem Küchenhandtuch nachtrocknen lassen.

Früchte in hübschen Mustern auf dem Geleespiegel anordnen. Vorsichtig die nächste Schicht Gelatinesaft darauf gießen und ebenfalls erstarren lassen.

So fortfahren, bis der Gelatinesaft verbraucht ist. Im Kühlschrank erstarren lassen. Dann mit den restlichen Früchten dekorieren und nach Belieben mit Vanillesauce servieren.

**Warum wird Obst süß und bunt?**
Das Licht und die Wärme der Sonne lassen die Früchte wachsen und verwandeln im Laufe des Sommers die Stärke in den Zellen in Zucker. Dabei bekommen die Äpfel rote Backen, die Birnen und Aprikosen werden gelb und die Zwetschgen und Pflaumen blau.

# Äpfel im Schlafrock

Teig auf bemehltem Tisch ausrollen, in 4 Quadrate schneiden (15 – 20 cm groß).

Äpfel waschen und schälen. Kerngehäuse ausstechen.

Backofen auf 200 °C vorheizen.

Auf jedes Teigstück einen Apfel setzen. Zucker, Rosinen und Nüsse mischen. Den Apfel damit füllen und obendrauf die Butter setzen.

Teig über dem Apfel zusammenschlagen. Nähte gut festdrücken. Form ausfetten, Äpfel hineingeben und 30 – 35 Minuten backen. Heiß oder kalt essen mit Schlagsahne oder Vanillesauce.

## Du brauchst:

- ✘ Plätzchenteig (von Seite 28)
- ✘ 4 gleich große Äpfel
- ✘ 4 EL Rosinen
- ✘ 4 EL gehackte Nüsse
- ✘ 4 EL Zucker
- ✘ 4 Stückchen Butter

## Zurechtstellen:

- ✘ Küchenmesser
- ✘ Apfelausstecher
- ✘ Nudelholz
- ✘ Auflaufform oder Blech
- ✘ Backpinsel

# Möhren-Rohkost

## Du brauchst:

- 500 g Sommermohrrüben
- 4 EL Öl
- 1 – 2 EL Zitronensaft
- 1 Prise Salz

## Zurechtstellen:

- Rohkostreibe
- Messer
- Schüssel
- Zitruspresse
- Löffel

**Tipps:** Junges Gemüse ist so zart und saftig wie Obst. Deshalb sollte man es oft roh essen. Wie Obst nur kurz unter kaltem, fließendem Wasser waschen, erst dann zerschneiden und nie im Wasser liegen lassen!

Salat als Hauptgericht muss satt machen, deshalb ergänzt man ihn durch gekochtes Fleisch (Huhn, Schinken, Wurst usw.), gekochten Reis oder gekochte Nudeln.

Mohrrüben schaben, Spitze und Blatt am Ansatz abschneiden.

Mohrrüben in eine Salatschüssel raspeln.

Mit den anderen Zutaten würzen und vermischen.

Zudecken und eine halbe Stunde ziehen lassen.

# Kartoffelsalat

Kartoffeln waschen und im Topf mit 1/4 l Wasser aufsetzen. Deckel nicht vergessen. Kochplatte auf große Hitze stellen (Stufe 3).

Wenn die Kartoffeln kochen, Kochplatte auf kleine Hitze schalten (Stufe 1).
Nach 20 Minuten mit Gabel einstechen. Sind sie weich, also gar?

Dann Herdplatte ausschalten! Wasser abgießen und die Kartoffeln kalt abschrecken.

Kartoffeln pellen und in Scheiben schneiden. Zwiebeln würfeln wie auf Seite 10 beschrieben.

Wintersalate bestehen aus gekochtem Gemüse. Frische gehackte Kräuter dazugeben!

## Du brauchst:

- ✘ 1 kg Kartoffeln
- ✘ 1 Apfel
- ✘ 2 Zwiebeln
- ✘ 2 Gewürzgurken
- ✘ 1 EL Essig
- ✘ 3 – 4 EL Öl
- ✘ 1/2 Tasse Fleischbrühe

## Zurechtstellen:

- ✘ Messbecher
- ✘ Kochtopf
- ✘ Küchenhandschuhe
- ✘ Messer
- ✘ Küchenbrett
- ✘ Schüssel
- ✘ Löffel
- ✘ Gabel
- ✘ Tasse

Brühwürfel in heißem Wasser auflösen. Öl und Essig dazurühren.

Kartoffeln und Zwiebeln damit begießen. Zudecken und 1 Stunde ziehen lassen.

Apfel würfeln. Gurken in Scheiben schneiden und würfeln.

Zum Salat geben, alles gut vermengen.
Mit Salz und Pfeffer abschmecken.

**Tipps:**
Zu Kartoffelsalat passen Würstchen oder Spiegeleier.

Du kannst den Kartoffelsalat abwandeln, indem du ein paar Scheiben von einer gekochten Sellerieknolle würfelst oder gekochte Rote Bete in Scheiben schneidest und unter den Salat hebst.

# SONNTAGS-FRÜHSTÜCK

# Kaffee und Tee

## Du brauchst:

- Kaffeepulver oder Schwarztee
- Wasser

## Zurechtstellen:

- Kaffee-/Teekanne
- Kaffeefilter
- Teelöffel oder Messlöffel
- Küchenwecker
- Wasserkessel
- Sieb

Auf die Kaffeekanne den Filter mit einer Filtertüte setzen. Pro Tasse einen gehäuften Teelöffel (oder einen gestrichenen Messlöffel) Kaffeepulver in die Filtertüte geben.

Wasser aufkochen lassen, etwas auf den Kaffee gießen und diesen quellen lassen, dann nach und nach den Rest draufgießen.

Pro Person 1 Teelöffel Tee in die Kanne geben, mit kochendem Wasser auffüllen (pro Person etwa $^1/_4$ l), zugedeckt ziehen lassen.

Dann in eine Servierkanne umfüllen, die vorher mit heißem Wasser ausgeschwenkt wurde. Den Tee dabei durch ein Sieb gießen.

**Tee ziehen lassen:**
Frühstückstee
2 – 3 Minuten,
Abendbrottee
5 Minuten.

**Tipp:** Tee wirkt umso beruhigender, je länger er zieht. Aber nicht länger als 5 Minuten, sonst wird er bitter!

# Kakao

Für kalten Kakao
2 gehäufte Teelöffel schnelllösliches Schokoladenpulver in ein Glas geben.

Kalte Milch dazugießen und umrühren – fertig!

**Sommer-Kakao:**
In einen Becher Kakao kommt eine Kugel Vanilleeis oder Krokanteis

Für heißen Kakao
1 Teelöffel Kakaopulver und 1 – 2 Teelöffel Zucker in der Tasse mit etwas Milch verrühren.

Mit heißer Milch aufgießen und gut umrühren.

## Du brauchst:

- ✘ Kakaopulver
- ✘ schnelllösliches Schokoladenpulver für kalten Kakao
- ✘ Milch

## Zurechtstellen:

- ✘ Tasse
- ✘ Teelöffel
- ✘ Kochtopf

# Milchmix

## Du brauchst für 2 Personen:

- ✘ 1/2 Banane
- ✘ 1 EL Zitronensaft
- ✘ 1 EL Zucker
- ✘ 1/2 l Milch
- ✘ 1 Prise Zimt

## Zurechtstellen:

- ✘ Schüssel
- ✘ Löffel
- ✘ Gabel
- ✘ Schneebesen
- ✘ Gläser

Die Banane mit der Gabel zerquetschen.

Mit dem Zitronensaft verrühren und zuckern.

Die Milch aufgießen und gut verquirlen.

In zwei Becher gießen und mit Zimt bestreuen.

**Tipp:** Wer ein Rührgerät hat, kann alle Zutaten in einen Krug geben und mit dem Rührgerät schaumig rühren.

# Liptauer Käse

Den Quark mit weicher Butter in eine Schüssel geben.

Gewürze dazugeben und alles verrühren.

Fein gewürfelte Zwiebel (siehe Seite 10) dazugeben, abschmecken, eventuell nachsalzen.

Den Liptauer Käse in eine Servierschüssel füllen. Er schmeckt besonders gut auf Schwarzbrot oder Vollkornbrot. Auf das Käsebrot Radieschenscheiben geben.

## Du brauchst:

- 250 g Magerquark
- 100 g Butter
- 1 TL Paprikapulver edelsüß
- 1 Zwiebel
- $^1/_2$ TL Salz
- 1 Messerspitze Pfeffer
- nach Belieben etwas gemahlener Kümmel
- Radieschen

## Zurechtstellen:

- Teelöffel
- Rührschüssel
- Rührgerät
- Schneidebrett
- Schneidemesser
- Servierschüssel

# Frühstücksmüsli

## Du brauchst pro Person:

- ✘ 1–2 EL grobe Haferflocken
- ✘ 1 EL Sahne
- ✘ 1 EL Zucker
- ✘ 2–3 EL Wasser
- ✘ 1 großer Apfel
- ✘ Zitronensaft

## Zurechtstellen:

- ✘ Rohkostreibe
- ✘ tiefer Teller
- ✘ Löffel

Einen großen, gewaschenen, ungeschälten Apfel in den Teller raspeln.

Mit einem Esslöffel Zitronensaft darüber träufeln und sofort umrühren, damit sich das Obstfleisch nicht verfärbt.

Die Haferflocken dazugeben. Nach Geschmack Zucker und Sahne zugeben.

Ganz lecker: wenn man zum Schluss noch einen Esslöffel geriebene Haselnüsse über das Müsli streut. Den Apfel kann man übrigens ganz nach Belieben durch andere Früchte ersetzen.

# Gezuckerte Grapefruit

Die Grapefruit mit einem Grapefruit-Messer (gebogene Spitze und Sägezähne) in der Mitte durchschneiden. Das Fruchtfleisch ringsherum von der Schale lösen.

Die Segmente mit einem scharfen Messer innerhalb der weißen Haut lostrennen.

Jede Hälfte in eine Dessertschale legen, die etwa so groß wie die Grapefruithälfte ist, und gleich auf den Frühstücksteller stellen.

Vor dem Essen die Grapefruit mit Zucker bestreuen.

### Du brauchst pro Person:

- ✘ 1/2 Grapefruit
- ✘ Zucker

### Zurechtstellen:

- ✘ Grapefruitmesser
- ✘ Dessertschale
- ✘ Löffel

# Schinkenrolle

## Du brauchst:

- 4 Scheiben gekochten Schinken
- 4 Blatt Salat
- 4 EL Mayonnaise
- 4 Scheiben Emmentaler Käse
- Pinienkerne oder Walnüsse

## Zurechtstellen:

- großes Küchenbrett
- Messer
- Schüssel
- Schere

Die Schinkenscheiben flach auf das Küchenbrett legen und jede Scheibe mit einem Salatblatt bedecken.

Die Mayonnaise mit dem klein gewürfelten Käse und den Pinienkernen (oder grob gehackten Walnüssen) vermengen und abschmecken.

Diese Mischung auf die Salatblätter verteilen.

Die Schinkenscheiben vorsichtig aufrollen und mit dem losen Ende nach unten gleich auf den Teller legen.

**Variationen:** Statt Käse und Pinienkernen kann man auch zwölf Radieschen raspeln und mit Kresse vermengen. Oder man nimmt einen klein gehackten Apfel und eine Gewürzgurke. Wer die Schinkenrollen mag, wird sich bald seine eigene Mischung ausdenken.

# VERRÜCKTE NAMEN

# Kröte im Loch

## Du brauchst:

- 200 g Mehl
- 2 Eier
- ½ l Milch
- 4 – 6 Würstchen
- 1 TL Salz
- Margarine für die Form

## Zurechtstellen:

- Tasse
- Rührschüssel
- Rührgerät oder Schneebesen
- flache Auflaufform
- Backpinsel
- Spick- oder Stricknadel
- Topflappen

Mehl, Salz und Milch in den Rührbecher geben. Ein Ei nach dem anderen in eine Tasse schlagen und zugeben. Alles miteinander verquirlen.

Auflaufform mit Margarine ausfetten. Würstchen in die Form legen und in den Backofen schieben (mittlere Schiene). Backofen auf 180 °C einstellen.

Nach 10 Minuten die Form mit Topfhandschuhen aus dem Ofen nehmen. Den Teig auf die Würstchen gießen.

Das Ganze wieder in den Ofen schieben. 40 – 45 Minuten backen (Teig bläht sich auf). Garprobe machen. Der Auflauf wird heiß gegessen. Dazu passt Tomatensalat.

**Garprobe:** Nimm eine Stricknadel, stich mitten in den Teig. Wenn die Nadel blank wieder herauskommt, ist der Teig gut. Klebt noch feuchter Teig an der Nadel, muss der Auflauf oder Kuchen noch weitere 10 Minuten garen.

# Himmel und Erde

Bratwürste in eine Schüssel geben und mit heißem Wasser überbrühen. 5 Minuten darin liegen lassen, damit die Würste später beim Braten nicht so leicht platzen.

Am Himmel ist der Apfel gereift, in der Erde die Kartoffel gewachsen.

Mit Küchenkrepp abtrocknen. Mit der Gabel 5-mal anstechen. Fett in der Bratpfanne heiß werden lassen. Auf mittlere Hitze stellen (Stufe 2). Würste hineinlegen, öfter wenden, bis sie braun sind (10 Minuten).

Inzwischen Wasser und Salz zum Kochen bringen (Stufe 3). Topf vom Herd nehmen und Milch dazugeben. Püreepulver hineinrühren. Apfelmus mit dem Kartoffelpüree leicht mischen.

„Himmel und Erde" schmeckt gut mit gerösteten Zwiebeln!

## Du brauchst:

- 1 Paket Kartoffelpüree
- $^1/_4$ l Milch
- $^1/_2$ l Wasser
- 1 Glas Apfelmus (350g)
- 4 Bratwürste
- Fett zum Braten
- etwas Salz

## Zurechtstellen:

- Topf, Schüssel
- Küchenkrepp (Haushaltspapier)
- Schneebesen oder Rührgerät
- Pfanne
- Pfannenwender

# Arme Ritter

## Du brauchst:

- 8 Scheiben Weißbrot von gestern
- 1/4 l Milch
- 2 Eier
- 1 EL Zucker
- 1 Prise Salz
- Fett zum Braten

## Zurechtstellen:

- Rührschüssel
- Schneebesen
- flache Schale
- Pfanne
- Pfannenwender

Wenn die Ritter kein Fleisch zu essen hatten, haben sie Brot gebraten.

In einer Rührschüssel mit dem Schneebesen Eier, Zucker, Salz und Milch verquirlen.

Die Brote in einer flachen Schale damit begießen und einmal wenden.

Fett (Margarine) bei mittlerer Hitze (Stufe 2) schmelzen lassen.
Die Scheiben von beiden Seiten goldbraun backen.

Dazu Apfelmus reichen oder Zimt und Zucker darauf streuen.

# Schwimmende Insel

Puddingpulver und Zucker mit 3 Esslöffeln Milch in einer Tasse verrühren. Salz dazugeben. Restliche Milch in einer Kasserolle zum Kochen bringen.

Dann das angerührte Puddingpulver dazugeben.
Herd ausschalten. Gut umrühren und den Pudding 1 Minute aufkochen lassen.

Pudding in die Schüssel füllen. (Bei einer Glasschüssel Silberlöffel hineinstellen, damit sie nicht platzt.) Den Pudding kalt stellen. Inzwischen die Sauce (siehe Seite 53) zubereiten.

Pudding stürzen: Teller auf die Schüssel decken, mit beiden Händen festhalten, umdrehen und Schüssel abheben.

## Du brauchst:

- ✘ 1/2 l Milch
- ✘ 2 EL Zucker
- ✘ 1 Beutel Schokoladenpuddingpulver
- ✘ 1 Prise Salz

## Zurechtstellen:

- ✘ Tasse
- ✘ Kasserolle
- ✘ Schneebesen
- ✘ Schüssel
- ✘ Teller

Ein Schokoladenpudding schwimmt wie eine Insel im Meer aus Sauce.

# Vanillesauce

## Du brauchst:

- ✗ $^{1}/_{2}$ l Milch
- ✗ 2 EL Zucker
- ✗ 1 Beutel Vanille-saucenpulver

## Zurechtstellen:

- ✗ Tasse
- ✗ Kasserolle
- ✗ Schneebesen
- ✗ Teller

In einer Tasse das Saucenpulver mit dem Zucker und 3 – 4 Esslöffeln Milch verrühren oder in einem Schüttelbecher mixen. Die Milch in einen großen Topf gießen. Herdplatte auf groß schalten (Stufe 3).

Wenn die Milch kocht, gießt du diese Mischung auf einmal hinein. Einen Elektroherd kannst du jetzt abstellen. Die Nachhitze reicht aus, um die Sauce wieder aufkochen zu lassen.

Die ganze Zeit mit dem Schneebesen gut rühren, damit keine Klümpchen entstehen. Wenn die Sauce aufkocht, nur noch eine Minute auf dem Herd lassen, dann ist sie fertig.

Die kalte Vanillesauce als Meer um die Insel gießen.

**Tipp:** Speisestärke wird aus Weizen oder Mais gewonnen und ist in einer Minute gar gequollen. Vanillesaucen- und Puddingpulver enthalten u. a. Stärkemehl und haben deshalb eine kurze Garzeit. Wenn du das Gericht länger kochst, verliert die Stärke ihre Bindekraft wieder und wird flüssig!

# WIR FEIERN EINE PARTY

# Aprikosenbowle

## Du brauchst:

- ✘ 500 g frische (oder 1 Kilo-Dose) Aprikosen
- ✘ 1 Flasche Apfelsaft
- ✘ Mineralwasser oder Zitronenlimonade

## Zurechtstellen:

- ✘ Küchenbrett
- ✘ Messer
- ✘ Bowlentopf
- ✘ Gläser

Die Aprikosen waschen, halbieren und abziehen oder 1 Kilo-Dose Aprikosen öffnen und die Fruchthälften in feine Scheiben schneiden.

In einen Bowlentopf geben und mit einer Flasche Apfelsaft begießen.

Zugedeckt 1 Stunde im Kühlen ziehen lassen.

Beim Ausschenken müssen immer ein paar Fruchtstückchen mit im Glas schwimmen. Jeder Gast kann sich die Bowle nach Belieben verlängern mit Mineralwasser oder Limonade.

**Zitroneneiswürfel**
Diese Eiswürfel eignen sich für alle Saftgetränke: Saft von 3 Zitronen und 1 – 2 Orangen mit 4 Esslöffeln Wasser verquirlen und im Eisfach zu Würfeln gefrieren lassen.

**So verwechseln deine Gäste ihre Gläser nicht:**
Schneide verschiedene bunte Figuren aus selbstklebender Folie aus und beklebe damit die Gläser. Oder bemale Becher mit verschiedenen Zahlen oder Buchstaben. Nagellack eignet sich dafür gut!

# Kümmelstangen

Mehl mit Backpulver, Quark und Fett (in Flocken) zum Teig verkneten, zur Kugel formen und 40 Minuten in den Kühlschrank legen.
Ca. 4 mm dick ausrollen.
In Streifen schneiden.

Das Backblech dünn einfetten. Die Teigstreifen (etwa 12 cm lang und 2 bis 3 cm breit) zwei- oder dreimal um sich selber drehen und nicht zu dicht nebeneinander auf das Backblech legen.

Den Backofen auf 180 °C vorheizen. Das Ei in das Schälchen schlagen, mit der Milch verquirlen und alle Teigstangen damit bepinseln. Achtung! Die Eiermilch sollte nicht auf das Blech rinnen – das verbrennt zu leicht!

Die Oberfläche der Teigstangen muss feucht sein; eventuell leicht nachpinseln. Mit Kümmel bestreuen und im vorgeheizten Ofen (mittlere Schiene) 8 – 12 Minuten backen.

**Variation:** Für Käsestangen ersetzt man Kümmel durch geriebenen Parmesankäse.
Kümmel- oder Käsestangen können warm oder kalt gegessen werden.

## Du brauchst:

- 250 g Mehl
- 1/2 Päckchen Backpulver
- 250 g Magerquark
- 250 g Butter oder Margarine
- 1/2 TL Salz
- Kümmelkörner
- Fett fürs Backblech
- 1 Ei
- 3 EL Milch

## Zurechtstellen:

- Teigschaber
- Nudelholz
- Messer
- Backpinsel
- kleine Schale

# Geburtstagstorte

**Du brauchst:**

- ✗ Eischwerkuchen-Teig ohne Rosinen von Seite 14
- ✗ Fett für die Backform
- ✗ $^{1}/_{2}$ Glas Orangenmarmelade
- ✗ 1 Becher dunkle Kuvertüre
- ✗ Marzipanfiguren

**Zurechtstellen:**

- ✗ Springform
- ✗ starken Faden
- ✗ breites Messer
- ✗ Kochtopf
- ✗ hitzefeste Schüssel
- ✗ Gabel

**Der Küchentrick:**
Es gibt Kuvertüre, die man in ihrem Verpackungsbecher ins heiße Wasser stellt. Der Becher hat einen Griff: sehr praktisch zum Ausgießen!

Den Teig in der Springform backen. Aus der Form nehmen, abkühlen lassen. Einen Faden über Kreuz um den Kuchen spannen und vorsichtig, aber fest ziehen: Der Kuchen wird halbiert.

Die obere Hälfte mit dem Messer abheben. Marmelade mit der Gabel glatt rühren und auf die untere Kuchenhälfte streichen. Die obere Hälfte wieder drauflegen, sanft andrücken.

In einem flachen Kochtopf etwa $^{1}/_{4}$ l Wasser erhitzen. Die Kuvertüre in einer hitzefesten Schüssel zum Schmelzen hineinstellen. Gleich auf den erkalteten Kuchen gießen und mit dem Messer glatt streichen.

Den Kuchen mit gekauften oder selbst gemachten Figuren verzieren. Dafür Rohmarzipan auf Puderzucker ausrollen. Herzen ausstechen und Schleifen mit dem Messer ausschneiden.

# Knuspriges Krokodil

Baguette längs aufschneiden und vorsichtig aufklappen. Beide Hälften mit Kräuterbutter bestreichen.

Die untere Hälfte abwechselnd mit Wurstscheiben und Käse belegen, zuklappen und gut festdrücken.

Dann das Gesicht modellieren: Eischeiben als Augen, Paprikakringel als Lippen, halbe Oliven als Nüstern, mit je einem Tupfer Mayonnaise festkleben.

Dem Krokodil die vier Gurkenbeine mit Zahnstochern gut erkennbar festpieken, damit keiner die Zahnstocher mitisst. Vorsichtig in Scheiben schneiden und diese mit Ketschup betupft essen.

**Tipp:** Das Krokodil auf ein Brett setzen, nach Belieben in ein Beet aus Petersilie, Strauchtomaten und kleinen eingelegten Maiskolben.

## Du brauchst:

- ✘ 1 langes dünnes Baguette
- ✘ 125 g Kräuterbutter
- ✘ 100 g Salami, geschnitten
- ✘ 100 g Camembert
- ✘ 100 g Fleischwurst geschnitten
- ✘ 4 Gewürzgurken
- ✘ 1 hart gekochtes Ei
- ✘ 1 rote Paprikaschote
- ✘ 1 gefüllte Olive
- ✘ feste Mayonnaise
- ✘ Ketschup

## Zurechtstellen:

- ✘ Sägemesser
- ✘ 4 Zahnstocher
- ✘ scharfes Brotmesser
- ✘ langes Holzbrett

# Fliegenpilz

u brauchst:

- feste Tomaten
- Mayonnaise in der Tube
- hart gekochte, geschälte Eier
- Salatblätter

Tomaten waschen und abtrocknen. Eine kleine Kappe abschneiden. Mit dem Löffel die Tomaten aushöhlen.

Den Eiern die Spitze abschneiden und die Eier auf das abgeschnittene Ende stellen.

Mayonnaise draufspritzen. Tomatenhälfte draufstülpen.

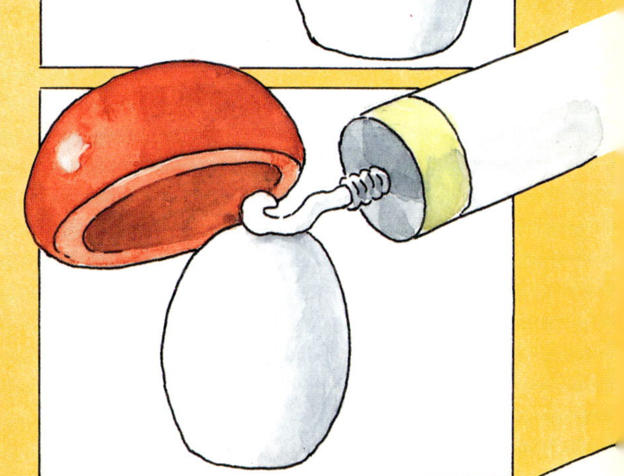

Mayonnaise-Tupfen draufsetzen. Es passen dazu: Kartoffelsalat oder Brot, Kräcker oder Knäckebrot, Weißbrot (vorher im Ofen heiß machen, das ist besonders lecker!). Gurken fächrig schneiden.

**Tipp:** Für die Gurkenfächer die Gurken der Länge nach mit einem Küchenmesser einschneiden und auseinander ziehen. Brote und Salate damit verschönern.

# Würstchenblech

Pro Person 2 Scheiben Brot flach rollen.

Die Scheiben mit Butter und etwas Senf bestreichen. Würstchen halbieren, je eine Hälfte einwickeln, mit Holzstäbchen festpieken.

Ofen vorheizen:
15 Minuten auf 200 °C.

Blech mit Margarine bepinseln oder mit Backpapier belegen. Röllchen darauf legen, mit Butter bepinseln.

15 Minuten backen. Dann auf eine Platte legen und heiß essen (mit Hilfe von Papierservietten).

## Du brauchst pro Person:

- ✘ 2 Scheiben Toast- oder Weißbrot
- ✘ etwas Butter
- ✘ Senf
- ✘ 1 Würstchen
- ✘ Margarine zum Bepinseln

## Zurechtstellen:

- ✘ Nudelholz
- ✘ Messer
- ✘ Backblech
- ✘ Holzstäbchen
- ✘ Backpinsel oder Backpapier

# Götterspeise

## Du brauchst:

- 500 g Preiselbeeren oder Kirschen
- 8 – 10 Scheiben altbackenes Brot (kein Vollkornbrot)
- 100 g Blockschokolade
- 1/4 l – 1/2 l Sahne
- 2 – 3 EL Vanillezucker
- 1 Packung Borkenschokolade

## Zurechtstellen:

- Durchschlag
- Rührschüssel
- Rührgerät oder Schneebesen
- Reibe
- Glasschüsseln

Die Kirschen entsteinen, waschen und gut abtropfen lassen oder Preiselbeeren verwenden.

Sahne mit Vanillezucker steif schlagen.

Trockenes Brot zerbröseln oder mit der groben Seite der Reibe zerreiben. Schokolade ebenfalls reiben und beides vermengen.

In Glasgefäße schichten: Schokobrösel, Fruchtkompott, Schlagsahne. Wiederholen, bis alle Zutaten verbraucht sind. Oberste Schicht: Sahne, Borkenschokolade oder die restlichen Beeren.

# Schottischer Schaum

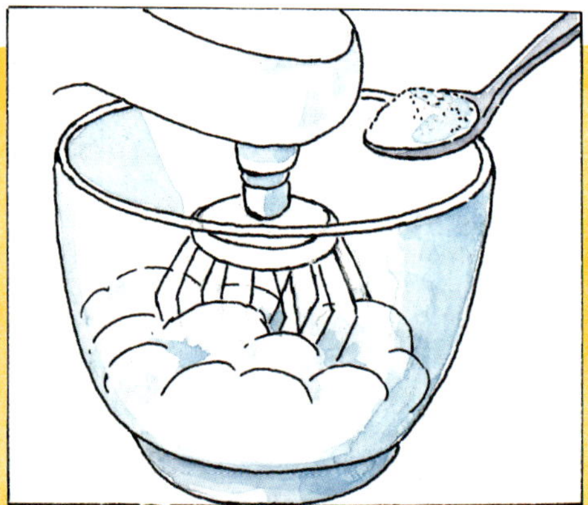

Die Sahne steif schlagen, Sahnesteif mit 1 EL Zucker verrühren und dazugeben.

Den Magerquark gut abtropfen lassen, mit Zucker, Orangenmarmelade und Zitronensaft verrühren.

Die Schlagsahne auf den Quark füllen und beides vorsichtig, aber gründlich miteinander vermengen.

Den schottischen Schaum in eine Glasschüssel füllen und nach Belieben mit Orangenscheiben oder mit Orangenschnitzen ohne Haut verzieren.

## Du brauchst:

- ¹/₄ l Sahne
- 1 Beutel Sahnesteif
- 400 g Magerquark
- 2 EL Zucker
- 2 gehäufte EL bittere Orangenmarmelade
- ¹/₂ Zitrone

## Zurechtstellen:

- Schneebesen
- Schüssel
- Messer
- Löffel

# Küchen ABC

**Abschrecken:** Frisch Gekochtes kurz mit sehr kaltem Wasser überbrausen. Dann lassen sich z. B. Kartoffeln oder Eier besser schälen.

**Altbacken:** Brot, Brötchen und Kuchen von mindestens gestern (schön trocken, dass man sie leicht reiben kann).

**Backofen:** Beim Elektrobackofen wird die Hitze in Grad angegeben, beim Gasofen in Stufen. Eine Gas-Stufe sind immer 20 °C mehr. 160 °C = Stufe 1, 180 °C = Stufe 2 usw.

**Durchschlag:** Gekochten Reis und Nudeln auf einen Durchschlag schütten und kurz abtropfen lassen. Abschrecken ist heute nicht mehr nötig, früher spülte man damit Mehl- und Schmutzreste ab.

**Experimentieren** beim Kochen klappt (meistens), wenn du Zutaten mit gleicher Garzeit austauschst.

**Eintopf** zermust nicht, wenn du zuerst die Zutaten mit der längsten und dann nach und nach die mit den kürzeren Garzeiten in den Topf tust.

**Garen:** Lebensmittel durch Erhitzen verzehrbereit machen, also alle Garmethoden vom Kochen bis zum Grillen. Garprobe siehe Seite 49.

**Gesunde Ernährung:** Bei der Deutschen Gesellschaft für Ernährung e. K. (Feldbergstraße 28, 60323 Frankfurt 7 Main) kannst du Infomaterial anfordern.

**Gewürze** mit dem Teelöffel oder dem Messer aus dem Gefäß nehmen, dann erst zum Gericht geben. Ein Zuviel verdirbt das ganze Gericht.

**Hitze:** Sie muss beim Garen immer richtig eingestellt sein. Siehe evtl. Gebrauchsanweisung eures Herdes.

**Joule / Kalorien** sind Wärmeeinheiten, mit denen man den Brennwert der Nahrung bemisst. Lass dir eine Kalorientabelle schenken!

**Mittelhitze** brauchst du zum Garkochen, zum Ankochen aber starke Hitze. Nur auf der Automatikplatte stellst du gleich die Hitze ein, die du für dein Gericht brauchst.

**Prise:** Eine Prise ist das, was du zwischen Daumen und Zeigefinger fassen kannst.

**Rohkost** ist gesund, weil sie besonders vitaminreich ist. Gut auch als Vorspeise, denn Rohkost füllt den Magen, sodass man nicht mehr so viel vom Hauptgericht isst.

**Soße** kommt vom französischen „Sauce". In der Küchenfachsprache schreibt man immer noch Sauce.

**Stören:** Lass dich nicht beim Kochen stören! Telefon usw. läuten lassen! Falls doch etwas Wichtiges dazwischen kommt: Hitze abstellen und Topf vom Herd nehmen.

**Überbacken:** Etwas Gares bei starker Hitze im Grill oder im Backofen (oberste Schiene) unter einer Haube aus Sauce, Käse oder Semmelbröseln kurz knusprig backen. Gut für Resteverwertung.

**Vorheizen:** Beim Gasherd geht das schnell, der Elektro-Backofen braucht etwa 15 Minuten (Umluftherd: 7 – 8 Minuten). Beim Backen erst den Ofen vorheizen, dann den Kuchen rühren.

**Wasserbad:** In einen großen Topf mit siedendem Wasser wird ein weiterer, etwas kleinerer Topf gestellt. So gart man zarte Aufläufe und Kochpuddings oder hält Speisen warm (z. B. Reis).

**Zerkochen oder anbrennen** muss nichts, wenn du mit einem Küchenwecker arbeitest.

# Register

## Gerichte



## Salate



## Desserts



## Kuchen



## Getränke